TRACÉ

DU

CHEMIN DE FER

DANS LA

COMMUNE DE SAINT-DENIS

RAPPORT

DE LA

COMMISSION MUNICIPALE

SAINT-DENIS (RÉUNION)

TYPOGRAPHIE DE GABRIEL ET GASTON LAHUPPE, RUE DU CONSEIL, 119

—

1878

RAPPORT

DE LA

COMMISSION MUNICIPALE

Chargée d'examiner le tracé du Chemin de fer sur le territoire de la Commune de Saint-Denis (*)

MESSIEURS,

Le 13 juillet courant vous étiez réunis en session extraordinaire à l'effet d'examiner le tracé définitif proposé pour le passage de la voie ferrée sur le territoire de la commune de Saint-Denis. Messieurs les ingénieurs Lavalley, Molinos et Blondel assistaient à la séance. Après les renseignements fournis par ces Messieurs et diverses observations échangées avec plusieurs membres du Conseil, vous avez décidé qu'une Commission étudierait la question dans tous ses détails. Je viens vous rendre compte du travail de cette Commission. Mais, avant de passer à l'examen

____

(*) La Commission est composée de :

MM. A. Morau, *président* ;
Cologon,
P. Crémazy,
Ch. Cauvin,
R. de Lescouble, *rapporteur*.

même de cette question du chemin de fer, qui préoccupe, à si juste titre, en ce moment, l'opipinion publique de notre cité, laissez-nous déclarer hautement que la Municipalité de Saint-Denis n'a jamais été et n'est pas opposée à l'exécution du projet du port de la Pointe des Galets et de son chemin de fer. Tant que nous avons pensé qu'il était possible de faire du chef-lieu le centre des opérations de cette vaste entreprise, nous avons essayé d'obtenir ce qui n'était pas impossible d'accorder à Saint-Denis; mais aujourd'hui qu'il est décidé, — pour le moment du moins, — que nôtre ville ne sera plus qu'une station de chemin de fer, nous sommes résignés à subir notre sort, à faire même tous les sacrifices compatibles avec les intérêts qui nous sont confiés, pour faciliter, autant qu'il sera en notre pouvoir, l'exécution de ces grands travaux qui doivent, dit-on, faire la fortune de la Colonie. Nous avions besoin d'exprimer cette franche déclaration pour faire comprendre à tous que les critiques qui vont suivre ne sont pas le fait d'une opposition systématique, mais qu'elles sont la conséquence forcée du devoir qui nous incombe, à nous défenseurs en premier ressort des intérêts publics de la ville, des intérêts privés des contribuables, lesquels se lient d'une manière si étroite à l'intérêt communal.

Il résult de l'étude minutieuse que nous avons faite du tr cé qui vous est soumis, que la préoccupation constante des ingénieurs du chemin de fer a été de se maintenir, et pour cause, sur la partie *dite* des pas géométriques. Et, dès ici, nous devons faire cette remarque, qui a son importance, c'est que les bornes indicatives de la délimitation des pas géométriques *faite tout récemment* sont placées à des distances très-variables de la plage.

Ainsi, tandis que les unes sont à 80 mètres des galets du bord de la mer, les autres sont placées à des distances qui varient entre 100 et 125 mètres, davantage même si l'on compte à partir de la mer. Nous pensions, quant à nous, que la réserve dite des pas géométriques devait être partout de *quatre-vingt-un mètres*, comptés « *à partir de la ligne des rivages baignés par la haute mer aux grandes marées.* » (Décret du général De Caen, du 5 mai 1807, art. 2, § 1.) On serait tenté de croire, en suivant le tracé sur place, que la délimitation des pas géométriques a été faite d'après le tracé actuel du chemin de fer, et non pas celui-ci d'après l'autre.

Vous savez, comme nous, que tout le littoral de la commune de Saint-Denis, depuis la Rivière des Pluies jusqu'à la falaise du cap Bernard, est occupé soit par des établissements communaux, soit par des industries d'utilité publique, soit enfin par des habitations privées. Parmi les occupants plusieurs ont des titres de propriété plus sérieux qu'un simple permis d'établir. Nous avons tenu à nous rendre compte *de visu* de l'effet qu'allait produire le passage de la voie ferrée à travers tous ces terrains, et nous allons vous dire, aussi brièvement que possible, les remarques faites par votre Commission.

La voie ferrée entre sur le territoire de Saint-Denis près du 7ᵉ kilomètre, et, passant entre la route Nationale et la mer, traverse d'abord les terrains vagues de la Rivière des Pluies et les divers bras de ce torrent, pour venir prendre en écharpe le terrain Morange où se trouve une guildiverie. Elle passe à environ 15 mètres derrière les dépendances de l'habitation principale et, par une courbe sensible, vient raser le dépôt de rhum. Nous remarquons là que la borne des pas géométriques est à plus de 120 mètres du bord de la mer. Le tracé continue à travers une plantation de filaos de belle venue, détruisant plusieurs centaines d'arbres et des vanilleries appartenant, d'un côté, à M. Morange, de l'autre à la dame Guillerault. Il entre dans l'emplacement de cette dernière, en faisant disparaître de magnifiques arbres fruitiers, passe à trois mètres environ devant la maison principale, dont il coupe la sortie sur la route Nationale. A cet endroit, le tracé se confond presque avec la ligne des pas géométriques, distante de la mer de plus de 110 mètres. Nous avons mesuré 80 mètres entre la borne placée par le Génie militaire et un vieux filao de la plage qui est lui-même à 40 mètres du battant des lames. Le passage de la voie ferrée enlève bien certainement à la propriété Guillerault toute sa valeur comme habitation privée.

Traversant ensuite une belle plantation de filaos, qu'il détruit en partie, le tracé vient s'allonger contre la route Nationale du côté de la mer et entre dans la petite mare qui se trouve à cet endroit. Là, de grands travaux de remblai sont nécessaires; cette mare va se trouver en partie comblée, de sorte qu'il est à craindre que les eaux qu'elle reçoit en temps de pluie, et qui sont abondantes au point de former un vaste bassin, ne viennent se déverser sur la route Nationale. Les ponceaux indiqués sur le plan ne nous paraissent pas suffisants pour obvier à cet inconvénient.

En sortant de la mare, le chemin de fer balaie deux ou trois cases couvertes en chaume, encore des filaos et des vanilleries. Sur ce point, la borne des pas géométriques est placée de l'autre côté de la route Nationale, à 80 mètres des premiers filaos du bord de la mer et à plus de 125 mètres du battant des lames.

Il arrive ensuite sur la concession Loyseau, qu'il traverse sans nuire aux constructions. Mais ce propriétaire proteste contre cette occupation forcée. Il affirme avoir acheté cet immeuble en 1854, en vente publique, faite devant le Tribunal, à la requête des Domaines. Il conteste à ses vendeurs le droit de lui reprendre aujourd'hui, sans indemnité, une portion du bien dont une partie est située sur les pas géométriques, laquelle lui a été vendue avec le reste, et qu'il a régulièrement payé. La borne des pas géométriques est placée chez M. Loyseau à plus de 120 mètres de la mer. Ce propriétaire, qui prétend aussi tenir ses droits de l'Administration elle-même, perd une partie de sa vanillerie sur la droite, ainsi que des filaos en assez grand nombre.

En quittant le terrain Loyseau, la voie ferrée traverse tous ces jardins qui sont cultivés par des Indiens, et d'où Saint-Denis tire des légumes de toutes sortes, puis atteint l'immeuble Bonnet dont il détruit le potager. Il faut remarquer que toute cette partie est en contre-bas ; des remblais considérables seront nécessaires, et si l'on tient compte du talus indispensable à ces remblais, il faudra certainement prendre plus que les 3 mètres 50 de voie ferrée demandés par les concessionnaires. (1).

Nous arrivons chez les héritiers Reine Gérold.

---

(1) A propos de cette largeur de 3 mètres 50 dont on parle, nous pensons qu'elle sera partout plus considérable, car il faudra bien , comme dans tous les autres pays à chemins de fer, des réserves de chaque côté de la voie. Cette réserve est généralement de 15 mètres.

Vous connaissez tous cette demeure. Ces pauvres gens perdent deux cabanons en pierres, couverts en tuiles, un hangar et la cuisine de la demeure principale ; deux puits, qui ont été creusés à grands frais, vont être comblés. Toute leur arrière-cour sera bouleversée par les travaux de nivellement nécessaires en cet endroit.

Traversons la ravine des Patates à Durand, à 25 mètres environ au-dessous du radier, et nous entrons à la marine du Butor, tout contre le magasin de pétrole. Là les constructions sont épargnées ; la voie ferrée passe au milieu de la cour, le long du hangar, et quitte la marine pour traverser le terrain de la Société des Engrais, assez loin de l'usine. La ligne des pas géométriques passe entre l'usine et la mer, à 105 mètres de celle-ci.

Continuons à travers des jardins potagers et des plantations de filaos jusqu'à l'emplacement Guillet, au bord de la rivière du Butor, où sera disposé un pont pour le passage de la voie ferrée. Les culées de ce pont prendront une partie du potager de M. Guillet d'un côté, et de l'autre le terrain de la batterie.

Il faut remarquer que toute la portion de route que nous venons de traverser présente des inégalités de sol qui nécessiteront des travaux de remblai et de déblai ; ces nivellements exigeront certainement des surfaces de terrain autres que les 3 mètres 50 indiqués par le plan.

De la batterie la voie ferrée se dirige vers le mur extérieur du cimetière de l'Est qu'elle longe, d'un bout à l'autre sur le boulevard, à la distance moyenne d'un mètre. Vous savez que les trois seules portes donnant accès dans le cimetière sont de ce côté, qu'on ne peut y arriver qu'en parcourant toute la longueur du boulevard qu'occuperont les rails; et il ne faudra pas qu'un convoi mortuaire puisse se trouver là aux heures de passage des trains du chemin de fer. C'est un inconvénient grave sans doute, mais nous pensons qu'on peut y remédier par un bon règlement de police qui déterminera d'une manière nette et précise les heures réservées pour le passage des trains du chemin de fer. Nous recommandons cette question à l'Administration compétente. Nous remarquons que la borne des pas géométriques est placée en cet endroit sur le côté Sud du boulevard, c'est-à-dire que ce dernier en fait partie. Et si nous considérons que le cimetière a une largeur moyenne de 50 mètres, que l'espace qui le sépare de la mer est de 35 mètres, et la largeur du boulevard lui-même de 12 mètres, nous arrivons à un total de 97 mètres. Nous pouvons nous demander pourquoi cette route du cimetière fait partie des pas géométriques.

Après avoir passé le cimetière, le tracé continue quelque temps sur la route, mais à cause du monticule qui se trouve devant le Dépôt communal, il est obligé d'appuyer du côté de la mer. Il rentre alors sur des terrains occupés, traverse, à partir du n° 15, neuf emplacements, dont toutes les constructions vont disparaître; parmi ces constructions, il y a deux maisons d'une certaine valeur. La voie ferrée attaque alors le Dépôt communal, coupe le bâtiment de l'ancienne cayenne, enlève une cuisine et vient passer contre le grand bâtiment neuf. Il y aura là des fouilles de deux mètres environ, de sorte que les fondations de ce bâtiment vont se trouver à découvert. Il faudra certainement des travaux de maçonnerie pour les protéger. Toute cette partie des pas géométriques, à partir du cimetière, a été concédée à la commune de Saint-Denis qui y a donné des permis d'établir gratuits à d'anciens serviteurs ou à de malheureuses familles. Ces indigents dépossédés de leurs demeures vont retomber à la charge de la communauté.

En quittant le Dépôt communal, la voie ferrée traverse la plantation de filaos faite par la commune pour abriter cette partie de la Ville des grandes brises du S.-E., et la détruit presqu'entièrement par suite de travaux de nivellements indispensables ; elle entre à nouveau sur le boulevard Lancastel, y passe bientôt entièrement, et atteint la station dont nous allons essayer de vous donner la description.

Une muraille ferme la moitié du boulevard à l'Est, court vers le Nord, en formant angle droit, jusque par le travers de la rue Labourdonnais, oblique à l'Ouest jusqu'au tiers de la place Candide, reprend la direction du Nord jusqu'à dix mètres environ du pied de la batterie du Rouillé, et se dirige enfin au N.-E. en coupant à nouveau la route. Le terrain ainsi enveloppé mesure 250 mètres du Nord au Sud et 50 mètres de l'Est à l'Ouest. Le boulevard entier est donc occupé sur cette longueur de 250 mètres. Le Dépôt de pétrole est détruit ainsi que les vieux filaos de la place Candide, abri si nécessaire aux habitants de cette localité, et qui avaient résisté à tant de coups de vent. Ils vont faire place à la gare aux marchandises.

Plusieurs membres de votre Commission ont pensé que la place Candide, avec ses vieux arbres, pouvait être épargnée. Le Dépôt de pétrole serait sauvé. Il suffirait pour cela de prendre pour emplacement de la station toute la partie

Nord à commencer de la batterie du Rouillé. Il y a là un terrain suffisant, suivant nous, que l'on peut du reste agrandir à volonté, à l'aide de quelques expropriations peu coûteuses. Nous recommandons cette étude à la bienveillante attention des Ingénieurs de la Compagnie. Ils doivent comprendre l'intérêt que la Ville aurait à conserver son Dépôt de pétrole et sa place Candide, seul terrain public un peu vaste qu'elle possède.

En sortant de la station, la voie ferrée prend la rue de l'Embarcadère qu'elle parcourt dans toute sa longueur. D'après le plan de nivellement que nous avons eu sous les yeux, il y aurait dans cette rue, en divers endroits, des déblais allant jusqu'à 0 m, 70. Nous craignons que ce soit un grave inconvénient pour la sortie des rues du Conseil, du Barachois et de l'Intendance. L'écoulement des eaux pluviales serait entravé. Nous pensons que l'art des ingénieurs saura surmonter ces difficultés. Faisons remarquer que la distance moyenne qui sépare la rue de l'Embarcadère de la mer est de 105 mètres, et cependant cette rue se trouve, d'après le plan, comprise en partie dans les pas géométriques.

Nous voici rendus à la rue de Paris que la voie ferrée traverse à niveau pour parcourir la place du Gouvernement en longeant les bâtiments de la marine Jouvancourt, passant devant le poste militaire, se courbant alors dans le Sud pour prendre la rue des Moulins qu'elle traverse en écharpe, et venir s'adosser contre les magasins Leclerc, placés à gauche. Tout ce parcours est sur remblai qui atteint 1 m. 75 à cet endroit. Un viaduc en maçonnerie, placé contre les constructions, s'élève graduellement jusqu'à la hauteur de 4 mètres qu'il atteint au coin Ouest du magasin de dépôt

Nomédé Morau, et non pas Juliette Morau, comme l'indique le plan. Ce viaduc, entièrement construit dans la rue des Moulins, lui enlève 3 mètres 50 centimètres de sa largeur et place devant les constructions de gauche une muraille d'égale épaisseur, ayant de 3 à 4 mètres de hauteur. De sorte que les portes de ces magasins, ainsi que les entrées des caves Leclerc, n'auront plus d'accès sur la rue que sous des voutes en forme de couloir, d'une largeur égale, de 3 m. 50.

La rue de la Boulangerie est traversée sur pont métallique et l'on arrive à la culée du bord de la rivière Saint-Denis.

Un gigantesque pont métallique traverse la rivière à une hauteur d'environ 7 mètres, un peu au-dessus du radier actuel. Ce pont s'appuie de l'autre côté de la rivière sur un immense remblai qui prendra tout l'emplacement du chantier Pecker entièrement détruit ; l'ancien parc à bœufs Guinot, ainsi que trois autres emplacements, disparaissent également. Nous n'avons pas d'indication certaine sur l'espace libre entre les deux culées du pont ; mais nous faisons remarquer qu'il serait très-imprudent de rétrécir en cet endroit le lit actuel de la rivière. Vous savez, en effet, comme nous, qu'à l'époque des grandes pluies la rivière est à peine assez large pour contenir la masse d'eaux qu'elle reçoit, et que, pendant les ouragans et les forts ras de marée, la mer lance ses lames contre le courant qu'elles refoulent. Le niveau des eaux monte alors par soubresauts, et il y aurait bien certainement inondation des deux rives, si le moindre obstacle contrariait le cours naturel de la rivière. Nous appelons l'attention de qui de droit sur ce point.

En quittant le chantier Pecker, la voie ferrée attaque le plateau de la Caserne par une tranchée de 2m70 qui atteint la profondeur de 3m25 au passage de la route du littoral devant les casernes. Cette tranchée diminue de profondeur en s'avançant vers le coin Ouest du premier bâtiment, et se retrouve là au niveau du sol. Puis les fouilles recommencent ; la tranchée fait une courbe qui se dirige vers l'usine des poudrettes qu'elle traverse en détruisant, soit le logement des travailleurs et les magasins, soit l'usine et le dépotoir, suivant la direction qui sera préférée par les intéressés, la Compagnie du chemin de fer leur laissant la faculté de choisir entre les deux sacrifices. La tranchée aura là environ 8 mètres de profondeur et viendra rejoindre la falaise à 3 m. 50 au-dessous du tunnel actuel. La voie ferrée disparaît alors sous la montagne pour ne reparaître qu'après la pointe du Gouffre. Les Lazarets sont traversés à découvert, puis le tunnel reprend et dépasse la limite du territoire de la commune de Saint-Denis, en se dirigeant vers la Possession où il aboutit.

Ainsi se trouvera créée une voie de communication directe entre le chef-lieu et la partie Sous-le-Vent, œuvre grandiose qu'on aurait à peine osé rêver, il y a quelques années.

Revenons en arrière, et arrêtons-nous aux abords de la rivière de Saint-Denis.

A propos du passage de cette rivière, nous lisons dans une note signée : « Blondel, ingénieur en chef » et approuvée : « Lavalley, directeur général, » les lignes suivantes :

« Le tracé de la place du Gouvernement au
« tunnel a présenté les plus grandes difficultés.

« De la place du Gouvernement à la rivière
« Saint-Denis, trois solutions se présentaient :
« 1° Passer sur le quai de la marine Morau. Il
« fallait couper pour cela la marine Vally et
« placer le pont de la Rivière « *en un point*
« *dangereux* (1) à cause de l'action de la mer.
« Cette solution a dû être rejetée.
« 2° Passer sur les marines Morau et Vally en
« les détruisant; c'est la solution la plus simple
« et la plus économique pour la Compagnie. Mais,
« dans son désir de ménager tous les intérêts,
« elle n'a pas hésité à repousser ce tracé et à en
« adopter un autre qui est beaucoup plus cher,
« et n'apporte aucun dommage aux marines qu'elle
« laisserait complétement intactes.
« Le troisième tracé, qui est celui que nous
« proposons, consiste à longer soit à gauche, soit
« à droite de la rue, les bâtiments qui la bor-
« dent, à l'aide d'un viaduc de 3 m. 50 de lar-
« geur qui leur serait accolé. Le profil du chemin
« de fer étant en rampe de 17 millimètres vers
« la rivière, tandis que la rue de l'Embarcadère
« descend avec une pente rapide vers celle de la
« Boulangerie, le viaduc atteint, en face des bâ-
« timents des marines Morau, une hauteur suffi-
« sante pour que des portes d'environ 3 mètres
« de hauteur puissent donner accès à ces maga-
« sins.
« Si le tracé passe à droite de la rue du côté
« de la mer, il fermera l'accès de la marine
« Vally. Mais cette marine pourra rétablir ses
« communications en faisant disparaître deux
« petites constructions en bois et en construisant à

---

(1) C'est nous qui soulignons.

« leur place une rampe parallèle à la rue qui la
« conduira au niveau du chemin de fer, sur la
« place du Gouvernement.

« En outre, le viaduc se trouvera accolé aux
« bâtiments de la marine Morau qui paraissent
« donner lieu aux opérations les plus actives,
« mais, ainsi que nous l'avons déjà dit, en per-
« mettant de ménager une ou deux portes d'accès
« sur la rue. Par contre, on évite ainsi la traver-
« sée de la place du Gouvernement par la voie
« ferrée.

« Si le tracé passe à gauche de la rue, les ma-
« rines Vally et Morau ne sont touchées en rien
« par le tracé : le viaduc serait accolé au maga-
« sin appartenant à Mlle Juliette Morau, à une
« hauteur suffisante pour lui laisser un accès sur
« la rue. La rue de la Boulangie serait traversée
« en-dessus, la hauteur laissée au-dessous de la
« poutre étant d'au moins 4 mètres.

« Ces deux tracés réduisent de 3 m. 50 la lar-
« geur de la rue de l'Embarcadère. Si l'on trouve
« un inconvénient à cette réduction, il ne peut
« y avoir d'autre moyen d'y remédier que de
« faire empiéter plus ou moins le viaduc sur
« l'emplacement des constructions actuelles.

« La Compagnie est disposée à accepter celui
« de ces tracés qui paraîtra le plus convenable
« au Conseil général et elle espère qu'on appré-
« ciera le sacrifice très-lourd que lui impose la
« construction d'un ouvrage coûteux dont l'uni-
« que objet est de conserver les marines. »

Ce n'est pas d'aujourd'hui que nous avons reconnu les difficultés de ce passage, et dans un
rapport que nous avons eu l'honneur de vous
présenter, il y a quelques années, alors que, pour

la première fois, il a été question du chemin de
fer devant le Conseil municipal (12 août 1875),
nous vous disions que ce passage serait peut-être
impossible. Mais la science des ingénieurs a su
vaincre les difficultés et ils proposent aujour-
d'hui de faire, à cet endroit, un immense travail
d'où résultera un grave inconvénient pour la
circulation publique dans la rue des Moulins et
celle de la Boulangerie. Nous appelons votre attention sur ce point. La rue des Moulins, à partir
de la place du Gouvernement, descend assez rapi-
dement vers la rivière Saint-Denis et tourne
brusquement, à angle droit, au coin du magasin
de gauche, côté Sud de la rue, pour se confon-
dre avec la rue de la Boulangerie. Ces deux rues
ont à peine la largeur réglementaire et celle des
Moulins n'a même pas de trottoirs. L'angle droit
est formé par le coin du magasin de gauche,
ayant en face de lui, à droite de la rue, contre la
marine Morau, le grand bâtiment servant de
dock. Il en résulte que le passage des voitures et
charrettes y est déjà difficile, car la pente de la
rue des Moulins donne aux chevaux une vitesse
que les cochers ne sont pas toujours maîtres de
diminuer. Aussi de nombreux accidents ont lieu
à ce passage, rendu encore plus dangereux par la
présence constante des lourdes charrettes qui
chargent ou déchargent aux portes des magasins de dépôt. Or, la Compagnie du chemin de
fer se propose, comme vous le savez, de placer
dans la rue des Moulins un viaduc du 3 m. 80 de
largeur, traversant par un pont de 4 mètres de
hauteur la rue de la Boulangerie. Vous voyez le
résultat que produira un pareil travail au coin de
la rue. L'angle droit se trouvera tellement court
que deux voitures allant en sens inverse devront

certainement s'aborder ; et si des charrettes chargent en ce moment devant les magasins, le reste
de la rue n'est plus praticable aux voitures. Il y a
mieux : expérience faite, nous avons reconnu
qu'une charrette ordinaire, attelée de ses deux
mules, ne pourra plus tourner sur elle-même, une
fois engagée dans la ruelle restée libre. La rue de
la Boulangerie est la seule voie par laquelle se
fait tout le mouvement du quartier populeux de
la Rivière, des minoteries et de plusieurs guildi-
veries.

A l'époque de nos Courses, les nombreuses
voitures qui reviennent de la plaine de la Re-
doute ne peuvent passer que par là. Il y aurait
donc un véritable danger pour la circulation publique à laisser placer le viaduc proposé dans la
rue des Moulins. Nous vous proposons de refuser ce passage. Rien n'empêche, du reste, « de
« faire empiéter plus ou moins le viaduc sur
« l'emplacement des constructions actuelles »,
ainsi que le dit la note des Ingénieurs citée plus
haut. Nous ajoutons « du côté gauche de la rue
« des Moulins » ; car, entre l'intérêt public et
l'intérêt privé, tous deux menacés, le choix n'est
pas à faire, le second doit être sacrifié au premier.

A propos de ce viaduc, la Commission, au cours
de ses travaux, a eu connaissance de la lettre
suivante, adressée au Maire par M. Molinos, di-
recteur-adjoint de la Compagnie :

« Saint-Denis, le 17 juillet 1878.

« Monsieur le Maire,

« Nous venons d'être informés par le service
compétent que les limites des pas géométriques

qui nous ont été indiquées par l'Administration doivent être modifiées aux abords de la rivière Saint-Denis. D'après la communication qui nous est faite, le magasin de Mlle Juliette Morau serait en dehors de ces limites.

« En conséquence, nous avons l'honneur de vous informer que si, contrairement à nos propositions, l'on jugeait nécessaire de placer le viaduc projeté en dehors de la rue, ce ne pourrait être que sur le côté droit, en empiétant sur les magasins de M. Morau.

« Veuillez agréer Monsieur le Maire, etc. »

De cette lettre nous retenons deux points :

Le premier, c'est que, si le viaduc ne passe pas dans la rue des Moulins, il passera forcément sur la marine Morau et sur le dock qui le suit, détruisant de fond en comble ces deux établissements d'utilité générale, d'une valeur de plus de trois cent mille francs, et ruinant en même temps les industriels qui ont mis là tout leur avoir. La marine Morau détruite, celle du Petit Pont devant également disparaître, il ne restera plus pour le service de la rade, d'ici à ce que les navires aillent tous dans le port futur de la Pointe des Galets, que la seule marine Jouvancourt, pouvant fonctionner avantageusement en raison de ses vastes magasins, les autres marines Manès et du pont Emile en étant complétement privés et ne pouvant en construire faute de terrains suffisants. Quel embarras, dès lors, pour le commerce maritime du chef-lieu et pour les navires marchands, qui, longtemps encore, se présenteront sur la rade de Saint-Denis ?

Nous livrons ces questions d'ordre public aux réflexions des honorables membres du Conseil général, du Conseil privé, et à l'impartialité éclairée du Chef de la Colonie. Pourquoi ne pas rester sur la gauche, côté Sud, de la rue des Moulins, en sacrifiant ce qu'il faudra des constructions privées d'une importance relativement moindre que celle des établissements publics placés de l'autre côté et menacés?

Le second point qui nous frappe dans la lettre précitée, c'est qu'au dire du pouvoir compétent, le magasin N. Morau ne se trouve pas sur les pas géométriques. Et cependant ce magasin est construit à 45 mètres à peine du bord de la mer!...

Nous sommes forcément amenés à nous occuper de cette question des pas géométriques dont la ligne de démarcation se trouve ainsi varier entre 125 et 45 mètres.

Nous avons eu soin de vous faire remarquer, en parcourant le tracé du chemin de fer, que nous avions constaté, entre la délimitation actuelle des pas géométriques et la mer, des distances qui ne sont pas moindres de 125 mètres, tandis qu'un peu plus loin nous voyons ces distances se réduire à 100 mètres, et descendre même au-dessous du chiffre réglementaire de 81 mètres pour certains endroits, comme par exemple au coin de la rue de la Boulangerie où elle ne serait que de 44 mètres. Il résulte de ces observations que la délimitation des pas géométriques a été faite arbitrairement ; cette fixation est arbitraire parce qu'elle s'appuie sur des bases variables par une fausse interprétation ou par une extension exagérée des prescriptions de l'arrêté du 5 mai 1807, concernant les réserves des bords de la mer.

Sans doute que, d'après les divers articles de

2

cet arrêté, il y a des cas où la distance de 81 mètres peut être augmentée, mais alors le législateur a toujours eu soin de spécifier ces cas. C'est ainsi qu'il dit, à l'article 2, § 3 : « La dite largeur « comprendra l'espace jugé nécessaire à la défense « de la côte, sans perdre de vue celui qui doit exister « pour les pacages et le parcours des troupeaux. » Il fait de même quand, à l'article 3, il parle « des « étangs et marais salants, lacs, mares et bas- « sins. » Nous nous demandons si l'un de ces cas s'est présenté, lors de la délimitation faite l'année dernière ? Au même article 2, déjà cité, nous lisons encore ceci, § 2 : « Cette largeur ne sera pas « moindre que 81 mètres à peu près. » Pourquoi cette prescription n'a-t-elle pas été suivie partout ? Nous avons donc raison de dire que cette délimitation a été faite arbitrairement.

En outre, on peut hardiment affirmer qu'elle est illégale et non opposable aux tiers qui peuvent avoir des intérêts à débattre contre le Domaine colonial, en leur qualité de propriétaires limitrophes ; il suffit de jeter les yeux sur cet arrêté, toujours en vigueur, pour être convaincu que les pouvoirs compétents dans notre Colonie en ont enfreint les dispositions protectrices des intérêts communaux et particuliers. L'article 5 du dit arrêté est ainsi conçu : « La reconnaissance des réserves des « pas géométriques sur les côtes des îles de France « et de Bonaparte, sera faite par la direction du « Génie et soumise au Capitaine général qui en « arrêtera la démarcation. Ces réserves seront « ensuite abornées et balisées par la direction des « Ponts et Chaussées, en présence des proprié- « taires limitrophes ; les procès-verbaux d'abor- « nement seront faits doubles, pour être déposés « aux Archives et au Greffe du Tribunal terrier ;

« expéditions en seront délivrées aux propriétai-
« res limitrophes et respectifs. » Or, une seule
de ces prescriptions a-t-elle été respectée ? Nous
répondons non , sans crainte de nous tromper.
Les Ponts et Chaussées n'ont rien fait. D'autre
part, les communes ont elles-été présentes à l'o-
pération ? Sûrement non , du moins en ce qui re-
garde Saint-Denis. Où est la décision administra-
tive qui arrête la démarcation? Enfin où sont les
procès-verbaux? Nous n'en connaissons pas un
seul. Mais ce que nous savons , par l'affirmation
de l'un de nos collègues, c'est que des protesta-
tions ont été faites et qu'elles n'ont été consi-
gnées nulle part. Où est alors la légalité de l'opé-
ration faite en 1877?

Il y a mieux. Malgré la déclaration d'inaliéna-
bilité qui se trouve portée dans l'ordonnance or-
ganique du 21 août 1825 et dans le décret colonial du 5 août 1839 (nous pensons que ceux qui
l'ont signé ne se doutaient pas de l'existence de
l'arrêté de 1807 sur la matière) , de nombreuses
parties de ce domaine, considéré comme *public* par
la législation de 1807 et comme *colonial* par la
législation de 1839, ont été positivement aliénées.

Il ressort de ce fait, indéniable parce qu'il est
constant , que la délimitation comprend dans
certaines portions du territoire qu'elle aborne :

1° La réserve des pas géométriques propre-
ment dite ;

2° Plusieurs terrains de cette réserve, qui appartiennent à des tiers en vertu d'actes réguliers
translatifs du droit de propriété (à preuve l'arrêté du 10 novembre 1821, trop long pour être
transcrit ici, mais que chacun peut lire à la page
291, 2° volume de Nanteuil) ;

3º Des terrains contigus qui ne peuvent, à aucun titre, entrer dans la limite de la réserve des
pas géométriques.

Il importe donc que les propriétaires et possesseurs de bonne foi sachent exactement sur
quels terrains ils se trouvent placés, pour que,
suivant telle délimitation qui sera faite par l'Au-
torité compétente, ils puissent utilement exercer
les droits qui leur sont conférés par les titres mêmes de leurs possessions ou de leurs propriétés.

De là la nécessité de délimiter légalement la réserve dite géométrique pour avoir une base d'appréciation légale, à l'effet de savoir si le tracé de
la voie ferrée affecte ou non cette réserve.

Il n'est donc pas possible à la commune de
Saint-Denis de se prononcer sur le tracé définitif
soumis à son adhésion par la Compagnie concessionnaire du chemin de fer, sans connaître exactement au préalable le périmètre des pas géométriques sur tout son territoire maritime, depuis la
rivière des Pluies jusqu'à la naissance des terrains militaires qui avoisinent la montagne de
Saint-Denis. C'est à cette seule condition que la
commune pourra actuellement, en éclairant les intérêts privés analogues aux siens, exercer utilement la faculté d'adhésion ou de refus qui lui est
dévolue par la loi.

Pour en finir avec cette question des pas géométriques, nous vous dirons qu'une ligne de démarcation vient d'être relevée, avec tout le soin
possible, *sans frais et sans beaucoup de peine, dans
les vingt-quatre heures*, par l'ingénieur de la commune, et qu'elle diffère sensiblement de la ligne
qui figure dans le tracé du chemin de fer. Vous
pourrez vous en convaincre, en consultant le plan
déposé sur le bureau du Conseil.

Nous regrettons vraiment la longueur de ce rapport, mais la question qui nous occupe est sérieuse. Il fallait bien nous expliquer sur la question des pas géométriques que nous venons de traiter devant vous. Il fallait aussi vous faire suivre, pas à pas, avec votre Commission, le tracé du chemin de fer tel qu'il est soumis à votre examen, afin que vous soyez convaincus que si une voie ferrée peut être une œuvre de progrès et d'utilité générale, il n'est pas moins vrai que son établissement dans un pays nouveau suscite des inconvénients qu'on ne fait disparaître qu'avec le temps, et qu'il occasionne des dommages réels à la commune et aux propriétaires ou concessionnaires chez lesquels doit passer le chemin de fer. Ces dommages doivent-ils être réparés par qui de droit? Nous n'hésitons pas, en vue de cette éventualité, à vous entretenir de la question d'indemnité.

Vous vous souvenez que, pendant votre séance du 13 courant, à laquelle assistaient MM. les Directeurs de la Compagnie du port et du chemin de fer, M. le Maire a demandé à M. Lavalley si la Compagnie s'entendrait à l'amiable avec les personnes établies sur les pas géométriques, ou si elle les exproprierait, pour cause d'utilité publique, lorsque la voie ferrée traverserait leurs emplacements. M. Lavalley lui a répondu nettement qu'aux termes du cahier des charges voté par le Conseil général et de la Convention intervenue entre le Ministre de la Marine, M. Pallu de la Barrière et lui, la Compagnie n'était tenue à aucune indemnité envers ceux qui occupaient les pas géométriques.

Votre Commission n'a pas cru s'écarter de son mandat en examinant cette question qui tou-

che, à un aussi haut degré, aux intérêts de la
commune de Saint-Denis et à ceux de ses contribuables étroitement liés aux siens ; et elle a re-
cherché dans le cahier des charges et la convention si les prétentions de la Compagnie étaient
justifiées. Le paragraphe 3 de l'article 3 du cahier des charges est ainsi conçu :

§ 3. La Colonie, les communes et la Métropole, en ce
qui la concerne, concèderont gratuitement à la Société,
pour l'établissement de la voie et des stations, tous les
terrains domaniaux, communaux et militaires, sauf adhésion préalable des communes et de l'Etat pour ces
deux dernières sortes de terrains et acceptation du tracé
définitif par les pouvoirs compétents.

Pour pouvoir déterminer le sens que le Conseil général a entendu donner à ce paragraphe
de l'article 3, votre Commission s'est repor-
tée à la discussion qui a précédé le vote de cet
article ; elle a lu, dans le procès-verbal de la
séance du 26 novembre 1875 de cette Assemblée,
en réponse aux observations de M. Sicre de Fontbrune, traitant la question relative aux pas géométriques, les déclarations de M. le Directeur de
l'intérieur, au nom de l'Administration, et celles
non moins formelles de M. le Rapporteur de la
Commission chargée d'examiner le cahier des
charges du port de la Pointe des Galets et du
chemin de fer.

Voici ce que nous lisons, page 122 du Recueil
des procès-verbaux du Conseil général, session
de 1875 :

M. SICRE DE FONTBRUNE ne sait pas si les conseils
municipaux ont été consultés suivant la rigueur du droit,
il lui suffit de savoir qu'ils ont été effectivement consultés. Les communes n'ont pas, il est vrai, de terrains,

domaniaux, mais elles ont des biens communaux situés sur les terrains domaniaux. D'un autre côté, il y a des particuliers établis sur les pas géométriques, et il peut leur être enjoint administrativement de déguerpir sans indemnité. Les établissements de marine sont dans ce cas. Il est évident que les mots *concédés gratuitement* ne peuvent s'appliquer à cette situation.

M. LE RAPPORTEUR. — Toutes les expropriations sont au compte des concessionnaires et le dommage quel qu'il soit, celui dont parle M. Sicre de Fontbrune ne saurait faire exception, causé à autrui par l'établissement de la voie ferrée doit être réparé par eux. Ce point ne saurait être contesté.

M. EMILE BELLIER dit que l'Administration a le droit d'exproprier sans indemnité.

M. LE DIRECTEUR DE L'INTÉRIEUR. — L'Administration s'est suffisamment expliquée sur ce point et renouvelle sa protestation contre une hypothèse inadmissible. Jamais dans l'intérêt d'un tiers une administration quelconque ne dépouillerait, sans exiger une juste indemnité en leur faveur, ceux qui occupent, en vertu de titres réguliers, des pas géométriques et n'abuserait d'un droit et de pouvoirs qu'elle n'exerce que dans l'intérêt général ou dans celui de la défense du territoire.

M. HOARAU DE LA SOURCE. — Pourquoi ne pas spécifier la chose puisqu'elle n'est pas contestée par les concessionnaires ?

M. SICRE de FONTBRUNE demande que l'on vote le paragraphe tel quel sous le mérite des explications qui viennent d'être données.

M. LE DIRECTEUR DE L'INTÉRIEUR propose d'ajouter, pour lever tous les scrupules, les mots suivants: *sauf adhésion préalable des communes et de l'État pour ces deux dernières sortes de terrains et acceptation...* Le reste comme au cahier des charges (... *du tracé définitif par les pouvoirs compétents.*)
Sur les observations réitérées de MM. de Laprade et Sicre de Fontbrune, M. le Directeur de l'intérieur cite les dispositions de la la loi métropolitaine de 1841 et du

sénatus-consulte du 3 mai 1856 relatives à la procédure d'expropriation et desquelles il résulte qu'une seconde enquête sera indispensable, et qu'elle devra porter sur les pièces du projet définitif, ainsi que sur le plan parcellaire de tous les terrains à acquérir par la Compagnie.

M. LE RAPPORTEUR rappelle que la concession des pas géométriques est réglée par le décret de 1839, qui donne au Gouverneur plein pouvoir pour décider en cette matière. Il est évident, et M. le Directeur de l'intérieur s'en est suffisamment expliqué, que l'Administration ne voudra pas, dans un intérêt particulier, déposséder des concessionnaires dont elle a autorisé l'établissement sur le domaine à titre onéreux. Si le chemin de fer était fait par la Colonie, ce serait différent. Mais il s'agit ici d'une entreprise particulière, qui n'a d'autres droits que ceux qui résultent du Code civil. S'il lui est nécessaire de passer sur la partie des pas géométriques où existent des constructions, elle devra suivre la procédure des expropriations pour cause d'utilité publique. C'EST AINSI QUE LA COMMISSION L'A ENTENDU ET ELLE EN FAIT LA DÉCLARATION FORMELLE DEVANT LE CONSEIL.

Ces déclarations de M. le Directeur de l'intérieur et de M. Drouhet, alors président du Conseil général et rapporteur de la Commission chargée d'examiner le cahier des charges du port et du chemin de fer, sont encore confirmées, en 1876, dans la séance du 12 juillet, par M. le Directeur de l'intérieur et par M. Drouhet, président du Conseil et rapporteur de la Commission du budget.

Voici, en effet, ce que nous lisons dans les procès-verbaux de 1876, pages 257 et 259 :

M. DUREAU DE VAULCOMTE. — Je voudrais avoir de l'Administration un renseignement sur l'exécution d'une des clauses du cahier des charges voté par le Conseil général pour le chemin de fer. On délimite en ce moment les pas géométriques et la ligne de démarcation tracée ne semble pas précisément celle que l'on croyait limiter la propriété privée.

Quoi qu'il en soit, je désirerais savoir comment sera réglée la situation des occupants des pas géométriques, au cas où ils devront être évincés pour le passage de la voie ferrée. Il y aura incontestablement lieu à indemnité en leur faveur. Mais qui devra supporter cette indemnité ? La Colonie ou les concessionnaires ?

M. Émile Bellier. — Les concessionnaires.

M. Dureau de Vaulcomte. — Vous dites les concessionnaires ; je le veux bien, mais je crains de relever à cet égard une contradiction entre les termes de deux articles du cahier des charges ; et je demande précisément à l'Administration de vouloir bien interpréter ces textes. L'article 3, § 3, dit que la Colonie, les communes, etc., s'engagent à concéder *gratuitement* pour l'établissement de la voie ferrée et des stations les terrains domaniaux. L'article 4, au contraire, dispose que les expropriations seront à la charge des concessionnaires. De quelles expropriations s'agit-il ici ? Évidemment des expropriations contre les domaines privés, les propriétés particulières. Ici pas de doute possible ; mais les déguerpissements exigés des concessionnaires de pas géométriques, qui entraîneront sans doute des indemnités, et qui constitueront des expropriations dans le sens strict du mot, qui en supportera les frais ? Il s'agit bien ici d'un terrain domanial. Dès lors, la Compagnie du chemin de fer ne sera-t-elle pas fondée à exiger la concession gratuite, sans charges, sans indemnité, de ces terrains, par application de l'article 3, § 3 ?

M. le Directeur de l'intérieur. — L'Administration s'est expliquée trop catégoriquement sur ce point pour qu'un doute puisse s'élever. À la page 122 du Recueil des procès-verbaux de 1875, je lis en effet :

« *M. E. Bellier* dit que l'Administration a le droit
« d'exproprier sans indemnité (Il s'agissait des établis-
« sements de marine qu'on pourrait être appelé à faire
« déguerpir des pas géométriques). Je répondais :
« L'Administration s'est suffisamment expliquée sur
« ce point et renouvelle sa protestation contre une hy-

« pothèse inadmissible. Jamais dans l'intérêt d'un tiers
« une administration quelconque ne dépouillerait, sans
« exiger une juste indemnité en leur faveur, ceux qui
« occupent, en vertu de titres réguliers, des pas géo-
« métriques et n'abuserait de droits et de pouvoirs qu'elle
« n'exerce que dans l'intérêt général ou dans celui de
« la défense du territoire. »

M. LE DIRECTEUR DE L'INTÉRIEUR ajoute : Il y a là une
interprétation de l'article 3 du cahier des charges for-
mellement stipulée par l'Administration et le Conseil
général ; j'ai ajouté, l'année dernière, qu'en cas d'opposition ou de refus de la part des concessionnaires, l'Administration et le Conseil étaient armés du droit absolu
de refuser leur adhésion au tracé définitif.

M. LE RAPPORTEUR. — Bien que la question me pa-
raisse quelque peu étrangère au budget des recettes que
nous votons en ce moment, je tiens, puisqu'elle a été
soulevée, à bien fixer les choses. Il s'agit d'une convention dont l'interprétation appartient aux tribunaux ad-
ministratifs, Conseil du contentieux et Conseil d'Etat.
Quoi de plus légitime que de se référer à la discussion
pour se rendre compte des intentions des parties con-
tractantes ? C'est ainsi que l'on procède lorsqu'il s'agit
de fixer le sens d'une loi ; on se reporte à l'Exposé des
motifs, aux déclarations des orateurs qui ont parlé ;
c'est ainsi que dernièrement, ici même, le rapporteur
de la loi forestière, voulant préciser la pensée du législateur, nous mettait sous les yeux le procès-verbal d'une
de nos séances. Or, je lis, en ce qui touche le cahier des
charges du chemin de fer, à la page 122 du Recueil, ce
passage :

M. SICRE DE FONTBRUNE... etc.

M. LE RAPPORTEUR. — Il est évident que les pas
géométriques, domaine public inaliénable, ne peuvent
donner lieu à une expropriation, parce qu'ils n'ont
jamais appartenu et n'appartiennent pas à ceux qui
les détiennent ; mais l'expropriation ici s'applique à
l'industrie des occupants. S'il s'agissait de la défense
du territoire, le déguerpissement sans indemnité serait
de droit ; mais s'il s'agit ici de substituer un conces-

sionnaire à un autre : si les concessionnaires du chemin de fer demandent dans leur intérêt cette substitution, ils doivent réparer le dommage qu'ils causeront à l'occupant évincé, s'il y a dommage pour ce dernier. Ce qui sera *gratuit*, ce sera la concession elle-même dés pas géométriques, c'est-à-dire, en d'autres termes, qu'il n'y aura pas à payer de redevance. La Colonie fait l'abandon d'une recette, mais voilà tout. LES MOTS *CONCÉDÉS GRATUITEMENT* N'ONT PAS D'AUTRE SIGNIFICATION ET LA DISCUSSION PROUVE QUE LE CONSEIL NE LEUR EN A PAS DONNÉ D'AUTRE.

Ces déclarations, disons-nous, ne peuvent laisser subsister aucun doute sur la seule interprétation qu'on puisse donner au paragraphe 3 de l'art. 3 du cahier des charges, c'est-à-dire que la concession dont s'agit exonère la Compagnie de la redevance annuelle à laquelle sont assujettis tous les concessionnaires des terrains situés sur les pas géométriques, et lui permet *de jouir gratuitement* pendant 99 ans de ceux qui lui sont nécesssaires pour sa voie ferrée.

Cette interprétation, conforme aux dispositions des articles 4 et 14, paragraphe 1er du cahier des charges et de l'article 13, paragraphes 1 et 2 du cahier des charges supplémentaire, ne saurait donner le droit à la Compagnie d'exproprier sans indemnité les précédents concessionnaires établis sur les pas géométriques en vertu de titres réguliers. Du reste, M. Lavalley, représenté à la Réunion par son associé M. Pallu de la Barrière, régulièrement muni de ses pouvoirs, pendant que le Conseil général délibérait sur les dispositions du cahier des charges, peut-il ignorer la signification donnée par le Conseil aux termes de l'art. 3, paragraphe 3, signification acceptée par M. Pallu de la Barrière ?

Voici, du reste, les articles que nous venons de citer et que nous prenons, tant dans le cahier des charges voté par le Conseil général que dans le cahier des charges supplémentaire qu'il nous a fallu rechercher, *comme la convention elle-même,* dans des documents métropolitains :

Art. 4 du cahier des charges voté par le Conseil général.—Les expropriations seront à la charge des concessionnaires et faites par leurs soins après approbation du tracé définitif.

Art. 14 du même cahier des charges. — § 1er, En considération des dépenses mises à la charge des concessionnaires pour les expropriations, pour la route entre Saint-Denis et la Possession, pour les ponts à construire sur différentes rivières, travaux qui deviendront la propriété de la Colonie après leur achèvement, la Colonie s'engage à payer aux concessionnaires une subvention annuelle de 160,000 francs pendant trente ans.

Art. 13 du cahier des charges supplémentaire. — Tous les terrains nécessaires pour l'établissement du chemin de fer et ses dépendances, pour la déviation des voies de communication et des cours d'eau déplacés, et, en général, pour l'exécution des travaux, quels qu'ils soient, auxquels cet établissement pourra donner lieu, seront achetés et payés par la Compagnie concessionnaire, sauf les cas prévus par l'art. 3 du cahier des charges du chemin de fer voté par la Colonie. Les indemnités pour occupation temporaire ou pour détérioration de terrains, pour chômage, modification ou destruction d'usines, et pour tous dommages quelconques résultant des travaux, seront supportés et payés par la Compagnie.

L'article 4 énonce, en effet, que les expropriations seront à la charge des concessionnaires du chemin de fer. Il n'y est fait aucune exception en ce qui concerne les terrains situés sur les pas

géométriques. N'est-il pas évident que si l'expropriation de ces derniers terrains ne devait donner
lieu à aucune indemnité, l'article 4 en eût fait men-
tion. Donc, si la Compagnie n'admet pas l'indemnité, parce qu'elle n'est pas stipulée d'une manière
précise dans le paragraphe 3 de l'art. 3 du cahier des charges, elle ne saurait se soustraire à
l'obligation de la payer, par le même motif que
l'article 4 ne l'en exonère pas. Vainement vou-
drait-on établir une distinction entre les termes :
expropriation et *déguerpissement* pour éluder la
question ; les mots peuvent varier, mais le sens
est le même. Ces mots ont pour conséquence un
but identique. Tout au plus pourrait-on appliquer l'expression de déguerpissement à l'égard
des terrains non bâtis, occupés par des concessionnaires ; mais là où existent des constructions, des industries dont la propriété ne peut être
contestée à ceux qui les détiennent, l'obligation de
les céder à un tiers, ce tiers fût-il l'Etat lui-même,
ne peut être qualifiée que d'expropriation. C'est
pourquoi le Ministre, dans le traité qui a suivi la
convention conclue, en janvier 1877, entre le
Gouvernement et différentes compagnies pour
l'exploitation de divers chemins de fer en Algérie, a stipulé, dans le cahier des charges (la convention de la Compagnie Lavalley pour la Réunion n'en est que la reproduction, à quelques
mois d'intervalle) que la cession gratuite des
terrains domaniaux nécessaires au chemin de fer
ne s'étendrait pas aux constructions existantes là
où les terres feraient partie de concessions accordées par le Gouvernement, avec réserve de
reprise des terrains pour un service public.

Voici l'article 21 du cahier des charges des
chemins de fer algériens qui n'est autre que l'ar-

ticle 13 du cahier des charges supplémentaire du chemin de fer de la Réunion :

Art. 21 du cahier des charges supplémentaire. — Tous les terrains nécessaires pour l'établissement du chemin de fer et de ses dépendances, pour la déviation des voies de communication ou des cours d'eau déplacés, et, en général, pour l'exécution des travaux, quels qu'ils soient, auxquels cet établissement pourra donner lieu, seront achetés et payés par la Compagnie concessionnaire. Toutefois, dans les cas définis ci-après, l'Etat cède à la Compagnie la jouissance gratuite, pendant la durée de la concession, des terrains nécessaires au chemin de fer :

1° Là où l'Etat dispose des terres à quelque titre que ce soit;

2° Là où les terres font partie des concessions accordées par le Gouvernement avec réserve de prise de terrains nécessaires à un service public; *néanmoins ce droit ne s'étendrait pas aux constructions actuellement existantes.*

Les indemnités pour occupation temporaire ou pour détérioration de terrains, pour chômage, modification ou destruction d'usines, et pour tous dommages quelconques résultant des travaux, seront supportées et payées par la Compagnie.

La restriction faite par le Ministre en faveur des concessionnaires des terrains domaniaux de l'Algérie ne doit-elle pas aussi bien définir la position des concessionnaires de la Réunion, alors surtout que les termes de l'article 21 du cahier des charges des chemins de fer de l'Algérie sont exactement les mêmes que ceux de l'article 13 du cahier des charges supplémentaire du chemin de fer de la Réunion, avec cette seule addition : « sauf les cas prévus dans l'article 3 du cahier des charges voté par la Colonie »? Cette réserve était impo-

sée au Ministre par les stipulations mêmes de cet
article, puisque les terrains dont il y est fait men-
tion ne peuvent être concédés gratuitement, d'u-
ne manière régulière, qu'après adhésion des communes et de l'Etat en ce qui les concerne, et
après acceptation du tracé définitif par les pouvoirs compétents.

Ainsi donc, on ne saurait tirer de cette
exception une distinction entre l'interprétation
de l'article 13 du cahier des charges supplémentaire et celle que nous déduisons de l'article 3
paragraphe 3 du cahier des charges voté par la
Colonie. Le Ministre n'a pu, en effet, donner aux
termes d'un traité conclu avec la Colonie une
autre signification que celle acceptée par le Gouvernement du pays, représentée par le Directeur
de l'intérieur, ainsi que par le Conseil général au
nom des habitants de la Colonie qui l'ont élu et
dont il est l'organe.

S'il en était autrement qu'adviendrait-il? La
Compagnie, usant du droit de jouissance des pas
géométriques sans réserve, ne manquerait pas
de tout détruire sur le passage de son chemin de
fer, sans se préoccuper du préjudice qu'elle occa-
sionnerait. Ensuite, les expropriations sans indemnité, exercées en faveur d'une exploitation industrielle dont le résultat final au point de vue des
intérêts généraux de la Colonie nous sont incon-
nus, entraîneraient fatalement la ruine d'un
grand nombre de concessionnaires. Un sem-
blable procédé serait contraire à la doctrine sou-
tenue par M. Drouhet, rapporteur de la Commission du budget de 1876, et confirmée par le Com-
missaire du Gouvernement :

M. LE RAPPORTEUR. — Il est évident que les pas

géométriques, domaine public inaliénable, ne peuvent donner lieu à une expropriation parce qu'ils n'ont jamais appartenu et n'appartiennent pas à ceux qui les détiennent; mais l'expropriation ici s'applique à l'industrie des occupants. S'il s'agissait de la défense du territoire, le déguerpissement sans indemnité serait de droit; mais s'il s'agit ici de substituer un concessionnaire à un autre; si les concessionnaires du chemin de fer demandent dans leur intérêt cette substitution, ils doivent réparer le dommage qu'ils causeront à l'occupant évincé, s'il y a dommage pour ce dernier. Ce qui sera *gratuit*, ce sera la concession elle-même des pas géométriques, c'est-à-dire, en d'autres termes, qu'il n'y aura pas à payer de redevance. La Colonie fait l'abandon d'une recette, mais voilà tout. LES MOTS *CONCÉDÉS GRATUITEMENT* N'ONT PAS D'AUTRE SIGNIFICATION ET LA DISCUSSION PROUVE QUE LE CONSEIL NE LEUR EN A PAS DONNÉ D'AUTRE.

Il ne faut pas perdre de vue qu'il existe sur les pas géométriques des établissements de marine d'une grande valeur; que ces établissements d'utilité générale ont rendu et rendent encore des services à la Colonie; qu'on se serait moins passé d'eux depuis leur origine que du chemin de fer qui nous est proposé; que des capitaux considérables sont engagés dans ces industries, et que leur ruine ne manquerait pas de causer des troubles dans ce pays où les intérêts s'enchaînent si étroitement. Leur valeur immobilière repose moins sur les constructions établies que sur les accessoires de l'industrie elle-même. Et l'on verrait, chose inouïe, une compagnie industrielle jouissant de faveurs de toute sorte: garantie du Gouvernement, subvention de la Colonie, dispense d'impôts de différentes natures, exercer le droit, au nom de l'Etat, de détruire ses rivales écrasées d'impositions prélevées au profit du Trésor public et jouissant d'un droit régulier d'antériorité.

Votre Commission espère qu'une telle extrémité, si contraire à l'équité, au droit et à l'esprit du cahier des charges, ne devra pas se produire.

L'Administration et le Conseil général sauront bien faire maintenir, nous le croyons du moins, l'interprétation qu'ils ont donnée en 1875 et 1876 à l'article 3, tel qu'il a été voté. Car rien n'a été changé depuis. Nous nous trouvons en face d'une Compagnie industrielle dont l'intérêt des obligations a été garanti par l'Etat et qui a été substituée à lui pour l'exercice d'un droit qui lui appartient, mais sous la condition explicite de respecter les *engagements* contractés. On ne pourrait déduire de ce fait que la Compagnie, en bénéficiant d'avantages nouveaux, a aussi changé la nature de ses opérations, puisque celles-ci demeurent toujours une exploitation industrielle particulière dont les bénéfices nets lui appartiennent.

Une dernière considération pour terminer cette question. Si les expropriations poursuivies contre les concessionnaires des pas géométriques ne devaient donner lieu à aucune indemnité de la part de la Compagnie, même celle prévue par le paragraphe 2 de l'article 13 du cahier des charges supplémentaire, la subvention stipulée à l'article 14 du cahier des charges visé plus haut, deviendrait sans objet, puisque des considérations qui l'avaient motivée, il ne resterait plus une seule.

En effet, cette subvention était accordée en vue: 1° *des dépenses mises à la charge des concessionnaires pour les expropriations*; 2° pour la route entre Saint-Denis et la Possession, et 3° pour les ponts à construire sur différentes rivières, travaux qui devaient rester la propriété de la Colonie après leur achèvement.

Or, il n'y a que peu ou point d'expropriations, *ailleurs que sur les pas géométriques;* le tunnel devant relier Saint-Denis à la Possession sera interdit au public, et les ponts à construire sur nos rivières, *alors que la voie ferrée devait passer sur la route Nationale,* ne pourront servir, on le sait aujourd'hui, qu'aux wagons de la Compagnie à l'exclusion du public.

Cette subvention annuelle de 160,000 francs pendant 30 ans, formant 4,800,000 francs consentie par la Colonie, ne peut donc servir, conformément à l'article 4, qu'aux expropriations et aux indemnités telles que les ont entendues le Directeur de l'intérieur, le président-rapporteur et le Conseil général.

Tels sont les arguments que nous devions faire valoir sur cette question d'indemnité qu'il est indispensable de résoudre, préalablement à toutes déclarations d'adhésion ou de refus du tracé qui vous est soumis. Il est certain que la solution qui est réclamée de la commune de Saint-Denis ne peut être prononcée sagement, comme il convient à une commune qui veut défendre les intérêts de ses habitants tout autant que les siens propres, qu'à la condition pour elle d'être fixée sur le principe de l'indemnité qui peut être exigée de la Compagnie concessionnaire du chemin de fer par les propriétaires ou possesseurs de bonne foi, placés à titres réguliers sur les pas géométriques.

On comprend, en effet, l'importance d'une pareille solution qui doit avoir une influence directe sur la détermination à prendre par le Conseil de commune, relativement à l'acceptation ou au

refus du tracé soumis à son appréciation. Il
n'est pas dit dans le cahier des charges de 1875
que l'adhésion des communes ne pourrait pas
être conditionnelle. Si celles-ci ont le droit
d'adhésion ou de refus, elles ont implicitement
le droit de subordonner leur acquiescement ou
leur rejet à l'accomplissement préalable d'une
condition déterminée.

Si, par exemple, la voie ferrée devait passer
sur un terrain communal dont la jouissance est
depuis longtemps cédée aux plus pauvres habitants de la commune, la Municipalité pourrait
donner son adhésion à ce tracé dans le cas d'indemnité et la refuser au contraire dans le cas de
non-indemnité.

Il suit de là que cette question d'indemnité
doit être tranchée avant tout par qui de droit;
pour que sa solution fournisse les éléments de la
décision que la commune est libre de prendre
à propos du tracé définitif sur lequel on la con-
sulte.

Car il ne faut pas oublier que, si le Conseil de
commune de Saint-Denis a donné un avis favorable à l'avant-projet du chemin de fer qui lui a
été soumis dans sa séance du 12 août 1875, c'est
que ce tracé ne devait alors passer que sur la
route Nationale dans presque tout son parcours, et
que le passage proposé à cette époque n'offrait pas
les graves inconvénients dont nos droits et nos
intérêts sont aujourd'hui menacés. Du reste cet
avis favorable n'a été émis que sous les réserves
formelles, contenues dans le rapport qui vous a
été présenté et que vous avez adopté le 12 août
1875;—réserves qui visent principalement l'article 14 du cahier des charges d'alors, relatif à la
question qui nous occupe en ce moment.

Il n'appartient pas évidemment à la Municipalité de Saint-Denis de résoudre une question réservée aux pouvoirs compétents, mais il lui est permis au moins de déclarer que les motifs, tant en droit qu'en fait, ne manquent pas pour obtenir une solution favorable au principe de l'indemnité, et ce, d'après tous les documents de la matière.

C'est pourquoi votre Commission, à l'unanimité, vous propose les conclusions suivantes :

Le Conseil de commune de Saint-Denis décide qu'il ne peut donner son avis sur le tracé du chemin de fer qui lui est soumis, avant que la question de la délimitation régulière des pas géométriques et celle de l'indemnité n'aient été tranchées par les pouvoirs compétents.

Saint-Denis, le 24 juillet 1878.

Le Rapporteur,

R. DE LESCOUBLE.

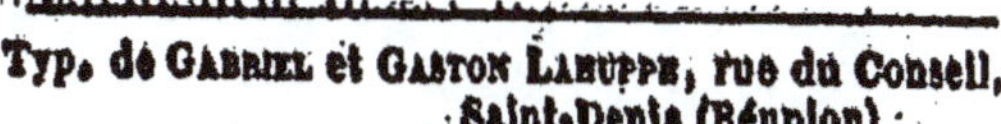

Typ. de GABRIEL et GASTON LAHUPPE, rue du Conseil,
Saint-Denis (Réunion)

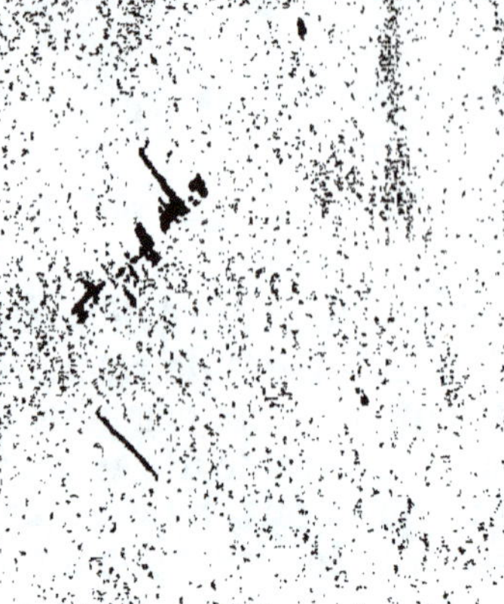

9 782013 431545